LESSER SPOTTED ANIMALS
Copyright © Martin Brown, 2016
All rights reserved.
Korean translation copyright © 2022 by LITTLE COSMOS
Korean translation rights arranged with David Fickling Books Limited
through EYA (Eric Yang Agency)

이 책의 한국어판 저작권은 EYA (Eric Yang Agency)를 통해
David Fickling Books Limited과 독점 계약한 도서출판 작은우주가 소유합니다.
저작권법에 의하여 한국 내에서 보호를 받는 저작물이므로
무단 전재 및 복제를 금합니다.

**우리가 꼭 알아야 살아남을 수 있습니다!**

**초판 1쇄 인쇄** 2022년 9월 5일
**초판 1쇄 발행** 2022년 9월 15일

**지은이** 마틴 브라운
**옮긴이** 김아림

**펴낸이** 김승헌
**기획편집** 이든
**디자인** 안경희

**펴낸곳** 도서출판 작은우주
**주소** 서울특별시 마포구 양화로 73, 6층 MS-8호
**출판등록일** 2014년 7월 15일(제2019-000049호)
**전화** 031-318-5286
**팩스** 0303-3445-0808
**이메일** book-agit@naver.com
**정가** 16,000원

ISBN 979-11-87310-67-9 (77490)

| 제 품 명: 별나고 신기한 동물들 | 주　　소: 서울특별시 마포구 양화로73, 6층 MS-8호 |
| 제조사명: 도서출판 작은우주 | 전화번호: 031-318-5286 |
| 제조국명: 대한민국 | 제조년월: 2022년 9월 15일 |
| 사용연령: 3세 이상 | KC마크는 이 제품이 공통안전기준에 적합하였음을 의미합니다. |

# 별나고 신기한 동물들

## 우리가 꼭 알아야 살아남을 수 있습니다!

마틴 브라운 글·그림    김아림 옮김

작은우주

# 차례

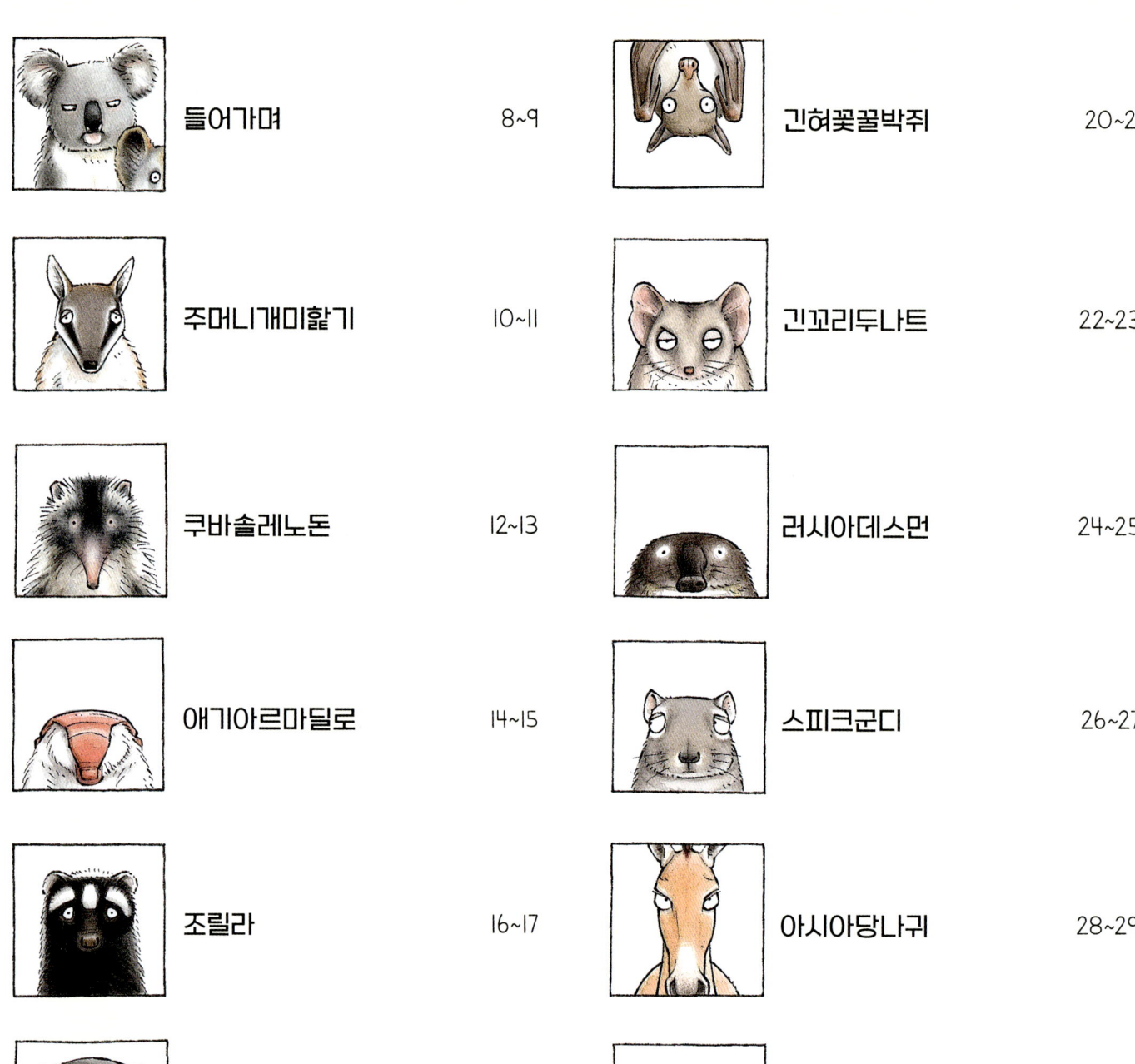

| | |
|---|---|
| 들어가며 8~9 | 긴혀꽃꿀박쥐 20~21 |
| 주머니개미핥기 10~11 | 긴꼬리두나트 22~23 |
| 쿠바솔레노돈 12~13 | 러시아데스먼 24~25 |
| 애기아르마딜로 14~15 | 스피크군디 26~27 |
| 조릴라 16~17 | 아시아당나귀 28~29 |
| 은색긴팔원숭이 18~19 | 줄무늬린상 30~31 |

 노란발왈라비 32~33
 게잡이바다표범 44~45
 인도물소 34~35
 일리우는토끼 46~47
 모래고양이 36~37
 줄무늬다이커 48~49
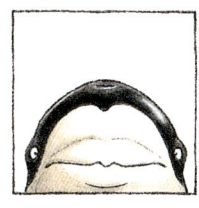 흰배돌고래 38~39
 검은발족제비 50~51
 원숭이 세 마리 40~41
 용어 설명 52~53
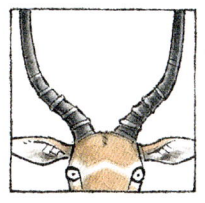 히롤라 42~43

원숭이 세 마리라고?

# 들어가며

흔하디흔한 동물에 질렸나요? 이제 하마나 곰, 호랑이가 지겹나요? 새로우면서도 신박하고 흥미진진한 동물을 보고 싶지 않나요? 그렇다면 이 책을 한번 읽어 보세요!

이 책에서는 우리가 쉽게 보기 힘든 놀라운 야생 동물에 관해 알려 준답니다. 지구에는 크거나 작고, 흔하거나 희귀한 수많은 동물이 있지만, 대부분의 동물 책에서는 그중 아주 작은 일부만 보여 주죠. 매번 똑같은 동물만 반복적으로요. 지금껏 흔하게 봤던 지루하고 하품 나는 동물 책이 아닌 색다른 동물 책이 필요해요. 이 책에는 판다나 코끼리, 얼룩말은 없어요. 대신 전 세계의 희귀하고 신기한 동물을 다루지요.

다들 코알라에 대해 들어 봤죠? 엄청 귀엽고 솜털이 많은 회색 동물인데, 많은 사람이 정말 좋아하는 동물계의 슈퍼스타죠. 이런 코알라가 멸종된다고 하면 사람들은 엉엉 울면서 무척이나 슬퍼하겠죠? 그런데 우는토끼가 멸종된다고 하면 어떨까요? 아, 우는토끼가 어떤 동물이냐고요? 이 동물도 귀엽고 솜털이 많은 회색 동물이에요. 하지만 우는토끼가 영원히 사라진다고 하면 코알라 때처럼 사람들이 엉엉 울면서 슬퍼할까요? 아마 그렇지 않을 거예요. 사람들은 우는토끼는 잘 모르니까요. 왜일까요? 우리는 책에서 코알라나 사자, 호랑이처럼 유명하고 인기 있는 동물만 잔뜩 봤으니 모를 수밖에요.

그동안 익숙하고 유명한 동물만 너무 오래 무대를 독차지했어요. 이제 검은발족제비부터 노란발왈라비 같은 동물도 조명을 받을 차례예요. 이 책에서는 비록 사람들이 모르고 있었지만 놀랍거나 별나고 아름다운 포유동물을 소개해요. 흔히 보거나 많이 이야기되지 않았던 동물이죠.

이 책에는 흔한 들소는 나오지 않아요. 대신 커다란 인도들소가 나와요. 치명적인 독침이 있는 솔레노돈을 보여 주는데 누가 불평 많아 보이는 고릴라나 보고 싶겠어요? 온순한 집쥐도 이 책에는 없어요. 온순한 집쥐를 잡아먹는 무자비한 유대류 쥐가 나오거든요.

여러분은 이 책에서 그동안 알 기회가 없었던 완전 멋진 동물을 잔뜩 볼 수 있을 거예요. 치타에게 쫓기는 영양 말고, 히롤라나 주머니개미핥기를 만나 보세요.

자, 이제 생전 처음 보는, 여태 잘 모르고 살았던 별난 동물의 세계로 들어가 볼까요?

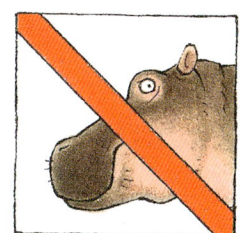

하마 출연 금지

들소 출연 금지

# 주머니개미핥기
## 오스트레일리아 서부에 사는 이빨이 많은 개미핥기

주머니개미핥기의 또 다른 이름은 '줄무늬개미핥기'예요. 줄무늬는 있으니까 '줄무늬개미핥기'에서 '줄무늬'는 통과. 하지만 줄무늬개미핥기는 우리가 알고 있는 '개미'를 먹진 않아요. 그런데 어쩌다 이런 이름으로 불리게 되었을까요?

줄무늬개미핥기는 하루에 2만 마리도 넘는 흰개미를 먹어요! 주머니개미핥기는 날카로운 발톱으로 흰개미의 굴을 파낸 다음 길고 끈적이는 혀로 작은 흰개미들을 할짝할짝 핥아먹어요. 씹지 않아도 술술 넘어가죠. 캥거루나 코알라 같은 다른 유대류(52쪽 용어 설명 참고) 동물보다 많은 50개가 넘는 이빨을 다 쓰지 않아도요. 흰개미가 개미 아니냐고요? '개미'와 '흰개미'는 다르답니다. 오른쪽 그림처럼요.

개미

흰개미

> 주머니개미핥기의 50개도 넘는 많은 이빨이 하얗고 깨끗한 이유는 이 전용 치약을 쓰기 때문이죠.
>
> 광고비는 얼마지?

현재 야생에서 서식하는 주머니개미핥기는 약 1,000마리 정도만 남아 있고, 그 수는 계속 줄고 있어요. 멸종 위기라는 대왕판다의 수가 주머니개미 핥기의 수보다 많아요. 그런 데도 사람들은 동물원에서 길게 줄을 서면서까지 흑백의 대왕판다만 열심히 사진기로 찍어 대요. 그러니 이 책을 읽는 여러분이라도 눈 깜짝할 사이에 영원히 사라져 버릴지도 모르는 주머니개미핥기에 대해 알아 두세요. '개미핥기'라지만 개미가 아닌 흰개미를 먹는 이 동물을요.

대왕 판다

**크기:** 기니피그보다 약간 큼.

**먹이:** 흰개미.

**서식 지역:** 오스트레일리아 남서부 건조 기후의 삼림 지대(최근에 오스트레일리아 반대편의 보호 구역 두 곳으로 개체들을 보냄).

**멸종 위험도:** 위기종.

**기타:** 유대류지만 몸에 주머니가 없음. 그래서 새끼는 어미의 몸에 4개월이나 매달린 채로 다녀야 함.

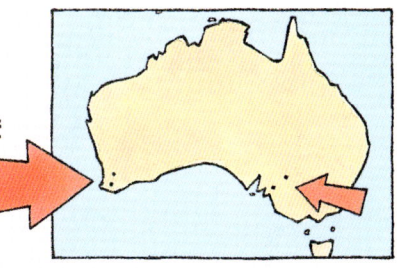

# 쿠바솔레노돈
### 침에 독성이 있고 곤충을 먹는 털이 텁수룩한 카리브해의 동물

쿠바솔레노돈은 아주 희귀한 동물이에요. 1861년에 유럽에서 발견했을 때 극소수만을 잡아 연구했지요. 그 뒤 1890년에서 1974년 사이의 84년 동안에는 전혀 눈에 띄지도 잡히지도 않았어요. 사람들은 다들 쿠바솔레노돈이 멸종되었다고 생각했죠. 하지만 이후 쿠바의 외딴 지역에서 쿠바솔레노돈 몇 마리가 발견되었고, 2002년에 한 마리가 잡혀 조사를 마친 다음 다시 정글에 풀어 줬어요. 조사 결과 쿠바솔레노돈은 몸이 느릿느릿하고 성질도 나쁜 편이라는 사실이 밝혀졌어요. 뭐, 놀랄 일도 아니죠. 당연하잖아요. 생각해 봐요. 여러분도 누군가 집에서 억지로 끌고 나와 며칠 동안 이리저리 쿡쿡 찌르고 빤히 쳐다본다면 심술궂게 굴 테니까 말이에요!

하지만 쿠바솔레노돈이 귀한 이유는 수가 적다는 점 때문만은 아니에요. 쿠바솔레노돈은 다른 동물을 물어 독액을 퍼뜨리는 얼마 안 되는 포유류 가운데 하나거든요. 쿠바솔레노돈의 침에는 치명적인 독이 있는데, 이 독은 아래쪽 앞니 두 개의 움푹한 홈을 타고 먹잇감의 몸속으로 들어가요.

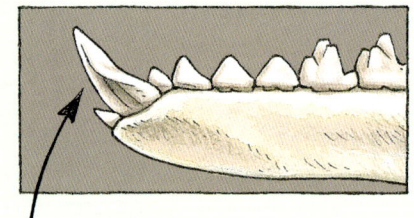
물면 독액이 나오는 구부러진 이빨

쿠바솔레노돈은 굴이나 속이 빈 통나무 속에서 가족끼리 모여 살아요. 주로 밤에 활동을 하는 야행성 동물이며 몸이 느리긴 해도 나무를 꽤 잘 타요. 그러니 모습을 감췄던 1890년에서 1974년 사이에는 땅속에 있었거나 어두운 구석, 나무 위에 아주 잘 숨어 있었을 거예요. 알고 보니 숨바꼭질 천재네요.

**크기:** 작은 고양이 정도 크기.

**먹이:** 곤충, 거미, 벌레, 도마뱀, 식물 뿌리, 과일.

**서식 지역:** 쿠바 동부의 열대 숲과 삼림 지대.

**멸종 위험도:** 위기종. 개와 고양이가 얼마 안 되는 개체마저 위협하고 있음.

**기타:** 자기 자신의 독에 면역이 없기 때문에 다른 쿠바솔레노돈과 싸우고 나서 죽을 수도 있음.

# 애기아르마딜로
## 분홍색 갑옷을 입고 땅을 파는 작은 동물

**크기:** 몸통이 총알 같은 생쥐 정도 크기.

**먹이:** 개미를 주로 먹음. 가끔 지렁이, 달팽이를 비롯한 다른 곤충도 먹음.

**서식 지역:** 아르헨티나 중부의 건조하고 탁 트인 평원이나 건조한 초원의 모래 굴, 개미집 근처.

**멸종 위험도:** 정보 부족종. 곤경에 처했을지도 모르지만 상황이 충분히 알려져 있지 않음. 다만 이 지역에서 자라는 소가 애기아르마딜로 서식지의 모래를 파헤치고 굴을 무너뜨리기 때문에 위협이 됨.

**기타:** 아르마딜로 중에서 가장 작고 포대를 뒤집어쓴 모양을 하고 있음.

중세 기사

아르마딜로

몸에 딱 맞는 갑옷을 걸쳤다고 상상해 보세요. 시끄럽게 철커덕거리는 중세 기사의 금속 갑옷이 아니라, 두 번째 피부처럼 여러분에게 꼭 맞는 단단하고 가죽 같은 판이 있다고 말이에요. 아르마딜로가 바로 그래요. 막대기나 돌에 맞는다든지, 개한테 물리는 게 두렵다고요? 자꾸 들러붙는 남동생이 성가시다고요? 하하, 아르마딜로의 갑옷이 있다면 이 정도는 웃어넘길 수 있어요.

실제로 아르마딜로라는 이름은 '작은 장갑차'라는 뜻이에요. 중앙아메리카와 남아메리카에 살면서 단단한 갑옷을 걸치고 곤충을 먹고 사는 이 동물에게 딱 맞는 이름이죠. 크기가 큰 아르마딜로는 갑옷을 걸친 작은 돼지 같고, 크기가 작은 아르마딜로는 뿔로 덮인 고슴도치 같고, 크기가 가장 작은 아르마딜로는 갑옷을 입은 두더지 같답니다.

또 애기아르마딜로는 두더쥐처럼 땅을 파는 실력이 뛰어나요. 커다란 앞발톱으로 건조한 아르헨티나 사막의 퍽퍽한 땅을 파지요. 애기아르마딜로는 땅을 파는 데 아주 능숙해서 지표면에서 땅을 파다가 방해를 받으면 몇 초도 되지 않아 몸을 파묻어 숨길 수 있어요.

이렇게 몸을 숨겼는데도 방해를 하면 자기 몸 뒤쪽의 단단한 갑옷 판으로 동굴 입구를 틀어막기까지 해요. 애기아르마딜로의 갑옷 판은 다른 동물의 날카로운 이빨로부터 몸을 방어하는 데 쓰이기보다 거친 모래로부터 몸을 보호하는 데 쓰이죠.

애기아르마딜로는 두 종이 있어요. 보다 몸집이 큰 종과 몸집이 살짝 작은 종인데, 몸집이 작은 종을 '분홍요정아르마딜로'라고 불러요. 갑옷이 연한 파스텔 색이라 모래투성이 집에서 쉽게 몸을 숨길 수 있죠.

분홍색이라니 신기하다고요? 분홍색 엉덩이로 뒷문을 틀어막았다는 사실이 동네방네 소문났다면, 여러분이라도 얼굴이 분홍빛으로 물들지 않겠어요?

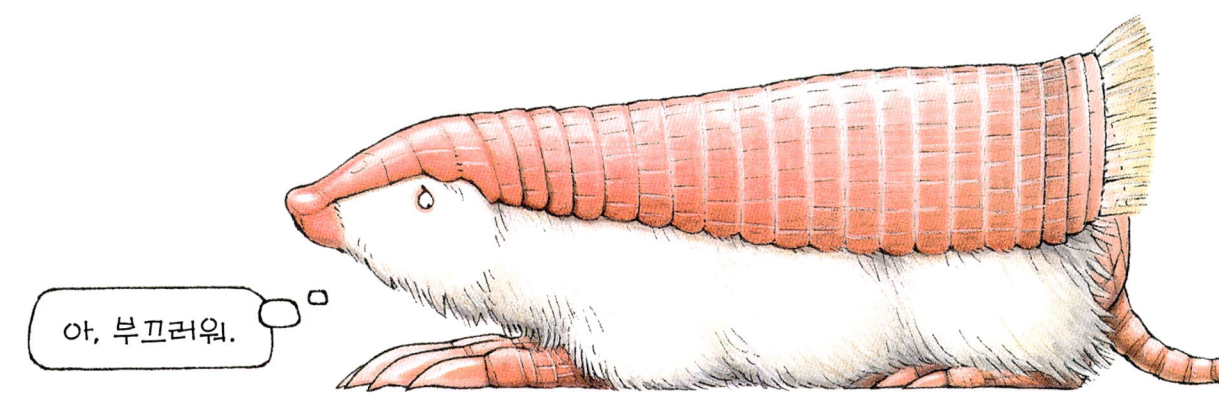

# 조릴라
## 아프리카의 악취 나는 맹수

스컹크가 고약한 냄새를 풍긴다는 사실은 잘 알려져 있어요. 그런데 조릴라도 스컹크 못지않아요. 특별한 냄새 분비선이 있어서 꼬리 아래로 3미터까지 지독한 냄새가 나는 화합물을 뿌릴 수 있거든요. 이 냄새 나는 화합물에서는 며칠 동안 악취가 나지요. 조릴라는 역겨운 냄새를 활용해 자기들을 화나게 하거나 겁주는 불쌍한 피해자들을 쫓아내요.

스컹크

사실 냄새가 가장 고약한 동물은 스컹크가 아니에요. 냄새가 가장 고약한 동물 1위는 족제비와 비슷한 육식 동물인 '조릴라'예요. 스컹크와 조릴라는 닮기는 했지만 먼 친척 관계일 뿐 서로 다른 동물이에요. 스컹크가 강력한 악취로 상대를 공격할 수 있을지 모르지만, 악취는 비교적 가까운 구역에만 머물러 있지요. 하지만 조릴라가 풍기는 악취는 훨씬 더 강력해서 무려 1.6킬로미터 떨어진 곳에서도 냄새를 맡을 수 있어요. 가까이에서 직통으로 냄새를 맡으면 어떨지 한번 상상해 보세요! 으엑!

조릴라

어느 날, 여러분의 강아지에게서 불쾌한 냄새가 훅 풍기더라도 그나마 이 아프리카 출신의 검고 흰 줄무늬 동물보다는 훨씬 낫다는 걸 생각하며 감사하는 게 좋을 거예요.

게다가 여러분이 케냐에서 일하는 농부라면 조릴라가 꽤 쓸모 있을 거예요. 굳이 조릴라와 함께 침실에서 잠을 자지 않더라도 목초지를 망치는 애벌레나 농작물을 먹어 치우는 생쥐를 잡아먹거든요. 냄새는 조금 나지만 참 쓸 만한 동물이죠?

**크기**: 몸집이 작고 마른 고양이와 비슷하며, 털이 풍성한 꼬리를 가짐.

**먹이**: 곤충, 벌레, 작은 포유류, 새, 개구리(창자).

**서식 지역**: 아프리카의 메마른 삼림과 농지.

**멸종 위험도**: 개체 수가 충분하니 걱정하지 않아도 됨.

**기타**: 상대에게 악취가 효과 없고 상대가 계속 공격하면 공 모양으로 웅크리고 죽은 척을 함.

# 은색긴팔원숭이
## 자바섬 서부에 사는 유령 같은 회색 유인원

"긴팔원숭이라고요? 긴팔원숭이는 꽤 잘 알려져 있잖아요!"
여러분 말이 맞아요. 긴팔원숭이는 동남아시아의 슈퍼스타죠! 이 책에는 그동안 알려지지 않았던 동물을
소개한다고 했는데 어째서 긴팔원숭이를 소개하냐고요? 그건 긴팔원숭이 가운데 몇몇 종만 유명하기 때문이에요.
긴팔원숭이의 종류는 15종이 넘고, 일부는 더 다양한 아종으로 나뉘어요.

겉모습이 어딘가 낯익거나 유명해 보일지 몰라도, 높은 지대에 사는 특정 긴팔원숭이 종은 거의 알려지지 않았어요. 은색긴팔원숭이가 그런 종 가운데 하나이지요. 유명한 종이 있고 덜 유명한 낯선 하위 종이 있는 동물은 긴팔원숭이만이 아니에요. 흡혈박쥐도 세 종류나 있다는 사실을 알고 있나요? 다들 알고 있는 유명한 흡혈박쥐 말고도 흰날개흡혈박쥐와 털다리흡혈박쥐가 있답니다. 얼룩말도 세 종류가 더 있고, 고릴라도 세 종류, 호랑이도 여섯 종류, 기린도 아홉 종류, 순록도 아홉 종류가 더 있어요. 게르빌루스쥐는 분류하는 방법에 따라 80종류가 더 있죠.

자바섬 주민
1억 4,500만 명

은색긴팔원숭이는 인도네시아 자바섬 서부의 사람들 손이 닿지 않은 외진 열대 우림 속 높은 나무 위에서 살아요. 하지만 전 세계에서 가장 인구 밀도가 높은 곳 중 하나인 자바섬에서 사람들 손이 닿지 않은 외딴 열대 우림은 점점 줄어들고 있죠. 자바섬 인구가 1억 4,500만 명이라면 은색긴팔원숭이는 2,000마리 정도예요. 차이가 어마어마하지요?

은색긴팔원숭이
2,000마리

은색긴팔원숭이는 평생 짝짓기를 할 수 있어요. 다른 긴팔원숭이 종은 매일 아침 암컷과 수컷이 짝을 지어 이중창을 부르기도 하지만, 은색긴팔원숭이는 암컷만이 노래를 불러요.
이 "우우" 하는 울음소리가 자바섬 전체에 울려 퍼져요.

어때요? 그동안 들어본 적 없던 은색긴팔원숭이에 대해서 알게 되었나요?

---

**크기:** 생후 6개월 된 아기 정도 크기.

**먹이:** 과일. 때로는 식물의 꽃과 잎.

**서식 지역:** 인도네시아 자바섬의 외딴 저지대 열대 우림.

**멸종 위험도:** 위기종. 서식지가 점차 줄어들고 있는 데다, 사람들이 반려동물로 키우려고 불법으로 잡아가기도 함.

**기타:** 긴 팔을 휘둘러 한 나뭇가지에서 다른 나뭇가지로 아주 멀리까지 갈 수 있음. 그 속도가 최대 56킬로미터에 이르며, 뛰어넘는 길이도 최대 15미터나 됨.

# 긴혀꽃꿀박쥐
## 밤마다 과일을 먹으러 다니는 온순한 박쥐

아무도 '긴혀꽃꿀박쥐'라는 박쥐 이름을 들어 본 적이 없을 거예요. 그래서 이 박쥐가 이 책에 나온 거죠. 혀가 칼처럼 길고 날카롭지만, 꽃의 꿀을 먹는다니 정말 낭만적이지 않나요? 꽃과 긴 혀, 박쥐와 꿀이 멋지게 조화된 이름이군요. 게다가 영어 이름을 보면 'DAGGER-TOOTHED FLOWER BAT'. 칼과 이빨, 꽃과 박쥐를 합쳐 놓았어요. 이 영어 이름을 그림으로 그리면 오른쪽과 같은 모양의 그림일 거예요. 거칠고 우락부락한 남자가 팔뚝에 문신으로 새길 법한 모양이죠? 아니면 흡혈귀 학교 교복 외투에 배지로 달 법한 모양이기도 하고요.

하지만 문제가 하나 있어요. 긴혀꽃꿀박쥐는 사실 매우 온순한 동물이라는 거예요. 폭력적이거나 피비린내 나는 모습과는 한참 거리가 먼, 아주 평범한 갈색 박쥐일 뿐이지요. 그리고 위험한 일을 찾아다니기보다는 달콤한 먹이를 찾아다녀요. 예쁜 꽃에서 찾아낸 꿀을 홀짝이며 따뜻한 열대 지방의 저녁나절에 이 꽃에서 저 꽃으로 날아다닌답니다. 한밤중에 근육질의 무서운 건달과 어울리거나 사람들의 목을 무자비하게 깨무는 일과는 거리가 멀어도 한참 멀지요.

꽃을 찾아다니는 동물은 이 세상에서 정말 유익한 존재들이에요. 긴혀꽃꿀박쥐는 과일나무 주변을 날아다니며 얼굴에 달라붙은 꽃가루를 다른 과일나무로 퍼뜨리거든요. 이때 수분(52쪽 용어 설명 참고)이 일어나는데, 이런 과정 없이는 과일나무에서 열매가 맺히지도 않을 테니 정말 장한 일을 하고 있지요. 그러니 평화로운 꽃가루 전달 동물이자 바나나를 열리게 하는 영웅인 긴혀꽃꿀박쥐를 응원하자고요.

**크기:** 날개 길이를 포함해서 생쥐 정도 크기.

**먹이:** 꽃의 꿀과 꽃가루, 때때로 매우 잘 익은 과일.

**서식 지역:** 동남아시아의 여러 섬과 오스트레일리아 북부의 열대 숲.

**멸종 위험도:** 개체 수가 꽤 많아 '최소 관심종'으로 분류.

**기타:** 긴혀꽃꿀박쥐 말고도 여러 낱말이 합쳐진 이름의 박쥐는 북방꽃박쥐, 단검이빨긴코과일박쥐 등이 있음.

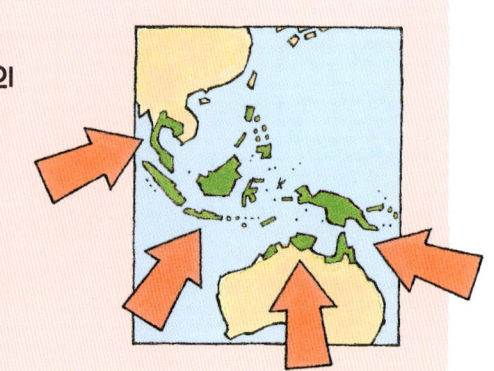

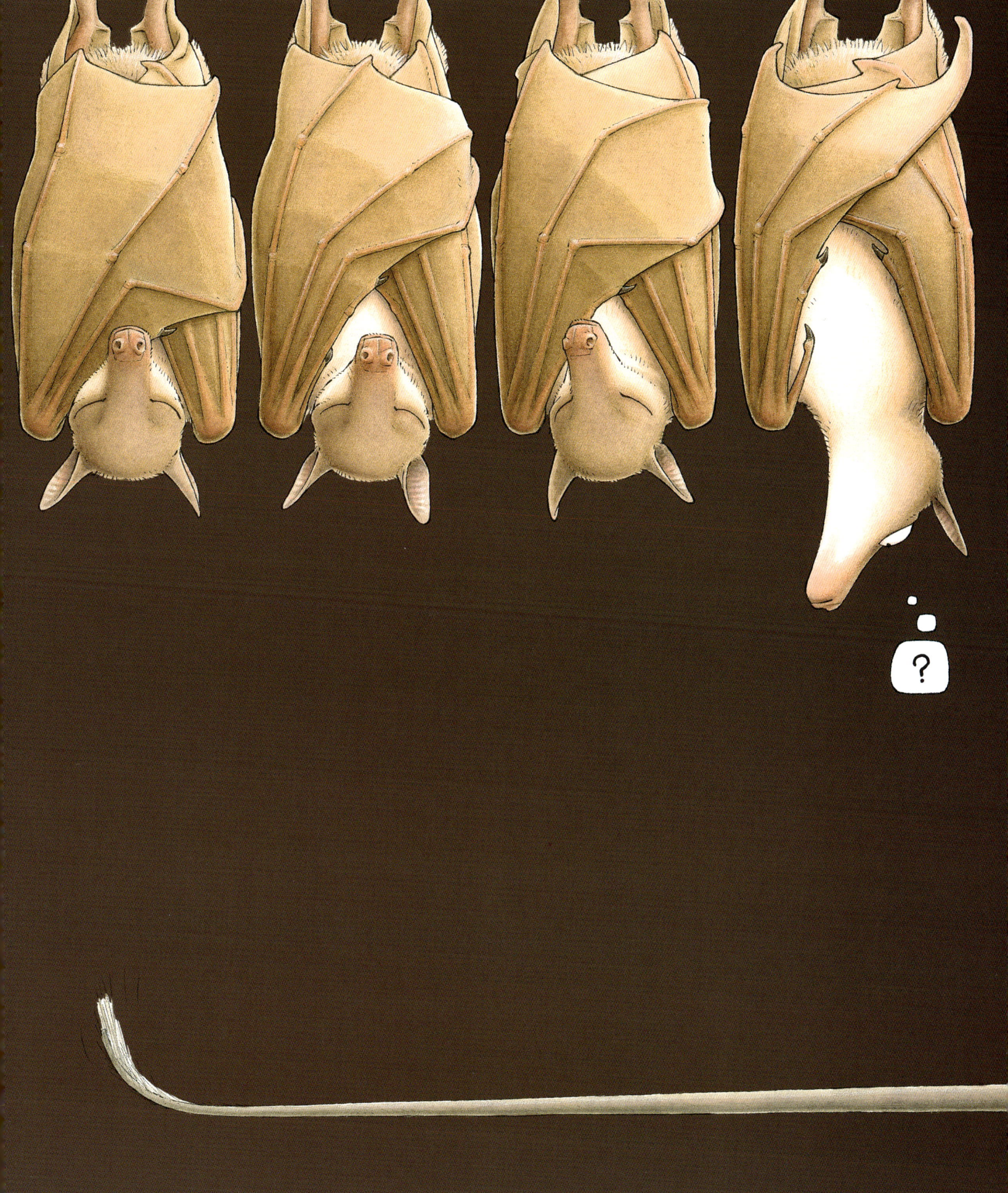

# 긴꼬리두나트
## 계속 이어질 듯한 긴 꼬리를 가진 조그만 사냥꾼

긴꼬리두나트를 비롯한 '두나트'라는 이름의 비슷한 친척들은 '유대류 쥐'라고도 불려요. 유대류에 속하고 겉모습이 쥐처럼 보이기 때문이에요. 그러나 쥐처럼 생겼고, 쥐처럼 달리고, 쥐처럼 앉고, 쥐와 비슷한 모양과 크기를 가졌다 해도 긴꼬리두나트는 쥐가 아니에요.

와그작!

긴꼬리두나트는 쥐보다는 태즈메이니아데빌이나 캥거루와 더 가까운 동물이지요. 긴꼬리두나트의 암컷은 캥거루처럼 새끼를 품고 다니는 주머니가 있지만, 통통 튀어 다니는 사촌인 캥거루와 달리 풀이나 나뭇잎을 먹지 않아요. 왜냐하면 긴꼬리두나트는 고기를 먹는 사나운 육식 동물 이니까요.

태즈메이니아데빌     캥거루

주둥이가 날카롭고 솜털로 싸인 긴꼬리두나트는 무더운 오스트레일리아 사막의 낮 시간 동안 풀과 나뭇잎으로 만든 작은 둥지에서 잠을 자요. 몸을 옹송그린 채 긴 꼬리를 몸에 두른 다음에야 잠을 청하죠. 꼬리 길이가 몸보다 두 배나 더 길기 때문에 둘둘 감아야 하거든요! 하지만 솜털 뭉치마냥 웅크리고 있던 긴꼬리두나트는 밤이 되면 사나운 포식자로 돌변해요.

긴꼬리두나트는 곤충과 거미를 주로 먹으며, 우연히 옆을 지나가던 불운한 메뚜기나 지네를 덮치기도 해요. 배가 고프면 개미부터 작은 도마뱀까지 무엇이든 닥치는 대로 잡아먹어요. 게다가 이 '유대류 쥐'는 쥐가 아닌 만큼 쥐와 마주쳐도 아무 거리낌 없이 쥐를 잡아먹는답니다!

유대류 쥐 →

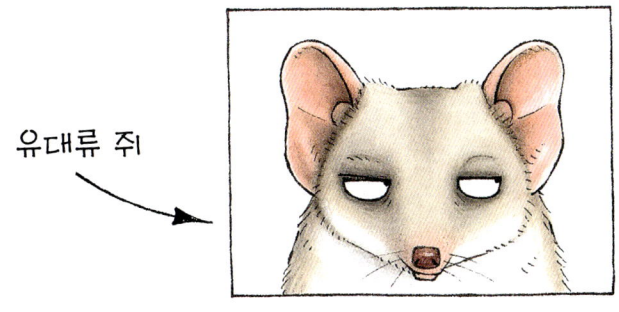 

← 저녁거리

**크기:** 쥐와 몸집이 비슷하며 꼬리가 매우 김.

**먹이:** 자기보다 덩치가 작거나 조금 큰 어떤 동물이든 먹음.

**서식 지역:** 중앙 오스트레일리아 북부와 서부의 바위투성이 외딴 경작지와 관목 고지대.

**멸종 위험도:** 위험에 처한 것처럼 보이지 않기 때문에 국제적으로 '최소 관심종'으로 분류되지만, 지역적으로는 '취약종'으로 분류. 애초에 개체 수가 적은 편이라 어떻게 분류하면 좋을지에 대해서는 여러분이 결정할 것!

**기타:** 꼬리는 길지만 수명은 길지 않음. 보통 암컷은 수명이 2년 정도, 수컷은 수명이 고작 1년!

# 러시아데스먼
## 습지에 살며 곤충을 먹고 주둥이로 감각을 느끼는 동물

러시아 서부의 느릿하게 구부러지며 흐르는 강이나 습지대의 둑 옆에는 무척 놀라운 포유류인 러시아데스먼이 살아요. 러시아데스먼은 물속에 사는 두더지 같이 생겼어요. 이것만으로는 그다지 놀랍지 않다고요? 그럼 코를 한번 보세요. 러시아데스먼의 코는 아주 특별하거든요. 먹이를 찾기도 하고, 스노클이나 삽, 손가락처럼 쓰니까요. 여러 용도로 쓰는 오른쪽의 다용도 주머니칼처럼요.

러시아데스먼은 눈이 작고 시력이 나쁘기 때문에 주변에 무엇이 어디에 있는지 알 수 있게 해 주는 기관은 바로 코예요. 아주 민감한 탐지기인 코를 활용해 개울과 연못 바닥에서 먹이를 찾고, 눈을 감은 채로도 무언가를 찌르거나 더듬고 파낼 수 있어요. 그뿐만 아니라 무려 5분 동안이나 물속에 머물 수도 있죠. 그러다 숨을 쉬어야 하면, 주둥이를 스노클처럼 물 밖으로 내놓아요.

러시아데스먼은 맛좋은 간식을 찾으면 수면으로 가져와서 먹어요. 이때 주둥이를 마치 손가락처럼 쓰지요. 코끼리가 코를 손처럼 쓰는 것처럼요.

코끼리      러시아데스먼

**크기:** 기니피그보다 약간 작지만 길고 튼튼한 꼬리가 있음.

**먹이:** 조개류, 가재, 물고기, 곤충, 개구리.

**서식 지역:** 러시아 남서부의 연못, 호수, 강.

**멸종 위험도:** 취약종. 보호받는 종이지만 여전히 불법 어망에 걸려 목숨을 잃고 있음.

**기타:** 물갈퀴가 달린 큼직한 뒷발과 세로로 납작하고 튼튼한 꼬리가 있어 수영 실력이 아주 뛰어남.

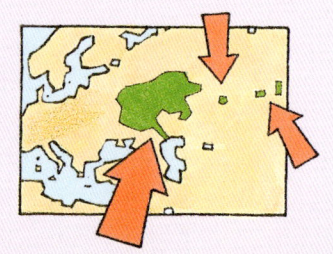

쿵쿵!

**추가 정보:** 러시아데스먼이 주목할 만한 특별한 종인 또 다른 조금 슬픈 이유!
이 동물은 고급 향수를 만들기 위한 재료로 사냥되어 왔음. 향수 만드는 사람들은
값비싼 향을 내기 위해 러시아데스먼의 달콤한 사향 냄새를 사용함.
그 탓에 두더지의 친척인 불쌍한 러시아데스먼은 상당수가 사라졌음.
실제로 어떤 향이 나는지보다는 다른 향을 만들 수 있는 가능성
때문임.

러시아데스먼으로 만든 새로운 향수

데드 데스먼 향수

# 스피크군디
## 소말리아의 바위 위에 사는 솜털 많은 동물

**크기:** 햄스터만 함.

**먹이:** 식물. 거의 모든 식물을 먹음.

**서식 지역:** 아프리카 북동쪽 끝 건조한 준사막의 바위투성이 외딴 곳이나 절벽 위.

**멸종 위험도:** 멸종 위기에 처한 종은 아니지만, 사실 이 동물에 대해 아무도 충분할 만큼 알지 못함. 현재는 '최소 관심종'으로 등록되어 있음.

**기타:** 물을 마시지 않음. 먹이인 식물에서 몸에 필요한 수분을 모두 얻기 때문.

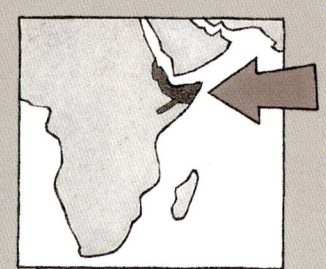

스피크군디는 별다를 게 없는 작고 따분한 동물이에요. 잿빛의 이 설치류는 평범하게 회색 바위에 앉아 있을 뿐, 흥미로운 행동을 많이 하지는 않아요. 귀엽고 푹신한 꼬리가 있지만, 꼬리도 평범한 회색이고 그렇게 크지 않죠. 눈앞에 스피크군디가 떡하니 나타나도 알아채지 못할 정도로 눈에 띄지 않아요. 더러 가족끼리 무리를 지어 앉아 있거나 낮은 회색 나무의 가지에 앉아 따가운 햇볕을 피하는 모습을 볼 수 있기도 해요. 위험한 상황이 닥치면 쨱쨱거리거나 휘파람 부는 소리를 내요. 하지만 스피크군디 말고도 상당수의 동물이 그렇게 하니까 역시 특별할 건 없다고나 할까요.

아프리카 북동부에 사는 스피크군디는 누구나 알고 있는 먼 사촌 햄스터와 게르빌루스쥐처럼 널리 알려져 있지는 않아요. 털이 알록달록하지도 않고 작은 쳇바퀴를 마구 굴리지도 않거든요. 반려동물이 되어 여러분의 침실에서 뛰어다니거나 햄토리, 빌리, 분홍이, 얼룩이, 밍키 같은 예쁜 이름을 갖고 있지도 않겠죠.

하지만 별명이 하나 있어요. 어쩌면 동물계 전체를 통틀어 가장 멋진 별명 가운데 하나일 거예요.

## 작은 회색 쥐
## 스피크군디네이터

**추가 정보:** 스피크군디를 처음 발견한 사람은 영국의 탐험가 존 스피크. 스피크는 나일강의 수원이나 탕가니카 호수, 빅토리아 호수, 영양의 두 아종, 둥지를 매달아 놓고 지내는 새와 거북을 발견하기도 했음. 1864년 35세의 나이에 사냥 사고로 사망함.

# 아시아당나귀
## 아시아 평원의 발 빠른 방랑자

아시아당나귀는 말과 비슷한 동물 무리 중 하나로, 예전에는 서아시아와 중앙아시아를 가로질러 중국 북동부까지 돌아다니며 넓은 지역에 걸쳐 살았어요. 게다가 달리는 속도도 엄청나게 빨랐답니다. 당나귀를 닮았지만 말처럼 날렵한 아시아당나귀는 달리기 속도가 최대 시속 72킬로미터까지 나와요. 이 속도는 애지중지 키운 순종 경주마 정도가 달리는 속도와 같아요.

아시아당나귀

아시아의 야생 당나귀는 네 가지 종이 있어요. 그중 셋인 아시아당나귀, 인도당나귀, 투르크멘쿨란은 오늘날 이란, 인도, 카자흐스탄, 투르크메니스탄의 작은 사막에서만 소수의 개체가 서식하고 있죠. 나머지 하나인 몽골야생당나귀만이 넓은 지역에 분포하며 개체 수도 많아요. 다섯 번째 종인 시리아야생당나귀도 있었지만, 1927년에 최후로 남았던 두 개체가 죽고 말았어요. 한 마리는 동물원에서 마지막 한 마리는 총에 맞아 죽었죠. 탕탕! 이제 지구에 시리아야생당나귀는 없어요.

경주마

우리가 주의를 기울이지 않으면 아시아당나귀도 사라질지 몰라요. 현재 한 보호 구역에 400마리, 다른 보호 구역에 100마리 정도가 남아 있거든요. 아시아당나귀는 무척 잽싸지만 심지어 보호 구역에서도 사람들의 총에 맞아 죽어 가고 있어요. 한때 아시아당나귀와 그 사촌들은 아시아 대륙의 절반을 누비고 돌아다녔지만, 그것은 그저 옛날 옛적의 일일 뿐이죠.

시리아야생당나귀

**크기:** 당나귀만 한 크기.

**먹이:** 대부분 풀이지만 덤불, 허브, 나뭇잎도 먹음.

**서식 지역:** 이란의 편평하고 건조한 준사막에 자리한 작은 보호 구역 두 곳.

**멸종 위험도:** 위기종.

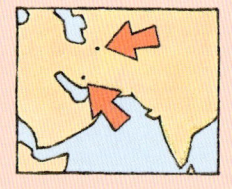

**기타:** 사람이 길들이기 어렵기로 악명이 높음(집에서 기르는 당나귀는 아프리카야생당나귀들의 후손). 그러니 아시아당나귀를 잡아서 길들이려고 애쓰지 말 것!

아시아당나귀를 길들이려고 했던 사람

히힝.

후다다다닥

# 줄무늬린상
## 아시아 평원의 발 빠른 방랑자

쉿! 조용히 해요! 여러분은 정글에 있어요. 어디선가 안개가 모락모락 피어오르는 섬뜩하고 어두운 인도네시아의 정글이죠. 공기는 무겁고 여기저기서 츳츳 소리가 나거나 웅웅 하고 울부짖는 소리로 활기가 넘쳐요. 여러분은 수마트라섬의 외딴 산등성이를 반쯤 올라가 열대 우림의 좁지만 탁 트인 곳에 서서 눈만 굴리며 줄무늬린상을 기다리고 있군요. 아무래도 한참 기다려야 할 것 같은데요. 쩝.

줄무늬린상을 보기란 하늘의 별 따기처럼 어려워요. 사진이 찍히는 경우는 더더욱 드물지요. 그렇다고 줄무늬린상이 희귀하다는 뜻은 아니에요. 그저 쉽게 보기 힘들 뿐이죠. 줄무늬린상은 덩치가 꽤 작아서 완벽하게 자기 자신을 위장해 숨기거든요. 또 밤에만 잠깐 나오고 대부분의 시간은 높은 나무 위에서 보내니까요. 어쩌면 조금 낯을 가리는 것일지도 모르겠네요.

그런 만큼 어둡고 외딴 정글에는 줄무늬린상이 꽤 많을지도 몰라요. 확실하지는 않지만요. 사실상 우리가 줄무늬린상에 대해 아는 건 그리 많지 않아요. 사냥하는 모습이 딱 한 번 목격된 적이 있는데, 나뭇가지 위를 낮은 자세로 살금살금 기어올라 미끄러지듯 먹이를 덮치는 모습이었죠. 엄청나게 유연한 고양이처럼 먹이에게 덤벼들고, 몸이 가늘고 긴 데다 소리 없이 움직이는 탓에 뱀으로 잘못 알려지기도 했어요. 그러니 줄무늬린상은 낯을 가리는 게 아닐 수도 있어요. 단지 살금살금 움직일 뿐인지도 모르지요. 뭐, 낯을 가리든, 살금살금 움직이든, 유명하지 않든 우리는 줄무늬린상을 세상에 더 알려야 해요. 그러니 쉿! 줄무늬린상 사진을 꼭 찍어야 하니까 조용히 하세요. 사진기 가져왔나요?

**크기:** 조용히 움직이는 고양이만 한 크기.

**먹이:** 다람쥐, 도마뱀, 쥐, 새와 같은 작은 동물.

**서식 지역:** 말레이시아, 태국, 인도네시아의 열대 우림.

**멸종 위험도:** 최소 관심종.

**기타:** 뒤쪽 이빨이 상어 이빨 같아서 가위처럼 날카롭게 살코기를 자르고 썰 수 있음.

조용히 살금살금. 이게 바로 나지.

# 노란발왈라비
## 바위 위에 사는 우아한 유대류

어떤 동물은 너무나 잘 알려져 있기 때문에 이름만 말해도 그 동물이 사는 곳에 대한 정보까지 알고 있는 모든 게 떠올라요. 캥거루와 왈라비가 그렇죠. 캥거루라고 하면 곧바로 오스트레일리아, 해변, '아웃백'이라 불리는 오지, 시드니 오페라 하우스가 생각나요. 다들 한 번쯤 들어봤을 거예요. 두 동물은 그만큼 유명하니까요. 하지만 정확히 어떤 캥거루, 어떤 왈라비 종이 유명할까요? 몸에 주머니가 달려 깡충깡충 뛰어다니는 이 동물은 적어도 60종은 되니까요.

예컨대 덩치 큰 캥거루와 작은 왈라비뿐만 아니라 왈라루, 유로, 나무타기캥거루, 토끼캥거루, 도르콥시스, 숲왈라비, 쿼카 등이 있어요. 이 동물들은 탁 트인 평원과 어두운 숲에서부터 눈 덮인 산과 메마른 바위투성이 언덕에 이르는 온갖 곳에서 살아요.

바위 위에서 폴짝폴짝 뛰며 사는 캥거루 종류 가운데 가장 예쁜 동물은 아마 노란발왈라비일 거예요. 매끈하게 잘생겼을 뿐만 아니라, 민첩한 동물이기도 하죠. 화강암 지대와 산꼭대기에 살고 있는 만큼 몸이 재빨라야 살아남으니까요. 노란발왈라비는 절벽이나 암벽의 튀어나온 바위에서 무심하게 훌쩍 뛰어내려요. 엄청난 속도로 바위 사이의 틈새나 구덩이를 뛰어넘죠. 게다가 노란발왈라비는 밤에 활동하는 야행성 동물이에요. 그런 만큼 어둠 속에서 계곡 사이를 뛰어다니는 놀라운 곡예를 펼쳐요. 바위와 바위를 뛰어넘는 믿을 수 없는 실력의 곡예사처럼요.

곡예사    어둠 속의 곡예사    박쥐와 비슷함

**크기**: 앉아 있는 조그만 개만 함.

**먹이**: 풀을 주로 먹고, 먹이를 구하기 힘든 때는 관목을 비롯한 다른 식물도 먹음.

**서식 지역**: 오스트레일리아 중부의 건조한 외딴 산비탈 몇 곳.

**멸종 위험도**: 준위협종. 살던 지역에 염소가 들어오면서 서식지를 빼앗김.

**기타**: 암컷은 주머니에 새끼를 넣은 채로도 바위 사이를 뛰어다니는 등 못하는 동작이 없음.

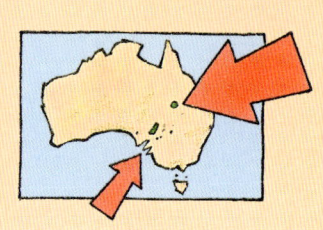

# 인도물소
## 인도와 동남아시아에 사는 수줍고 덩치 큰 물소

인도물소는 엄청나게 힘센 야수예요. 덩치가 버펄로보다 크고 들소보다 우람해요. 보통 소의 약 두 배 정도 되는 크기로, 몸길이는 3미터도 넘고 키가 2미터가 넘으며 무게는 1,000킬로그램에 달해요. 인도물소는 지구에서 가장 큰 소랍니다. 인도물소 한 마리의 몸무게가 열 살짜리 학생들이 모인 반 전체 몸무게보다 더 나갈 수도 있어요!

그런데 우리는 왜 버펄로 같은 소만 알고 있었을까요? 인도물소 같은 흥미로운 소가 있는데도요!

인도물소는 무리를 지어 살고, 나이가 많은 암컷이 50마리 정도의 무리를 이끌어요. 이런 걸 '모계 사회'라고 해요. 무리에 있던 어린 수컷이 크면 다른 나이 많은 수컷과 무리를 짓기 위해 떠나요.

**크기**: 커다란 황소보다 몸집이 큼.

**먹이**: 풀과 잎.

**서식 지역**: 외지고 탁 트인 열대 삼림 지대.

**멸종 위험도**: 취약종.

**기타**: 덩치가 크고 우는 소리도 아주 큼. 울음소리를 1.6킬로미터 떨어진 곳에서도 들을 수 있음.

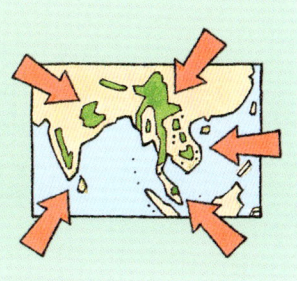

완전히 자란 인도물소는 덩치가 크고 힘도 세서 인도물소를 잡아먹을 만한 강력한 포식자가 거의 없어요.

음메.

# 모래고양이
## 밤에 몰래 사막을 돌아다니는 고양잇과 동물

모래고양이는 모래와 관련이 있어요. 모래고양이는 몸 빛깔이 모래색이어서 모래에 몸을 숨길 수도 있고, 모래에서도 잘 움직일 수 있도록 발바닥 밑에 두터운 털도 있어요. 그리고 모래 속에 파 놓은 굴에서 잠을 자요. 모래고양이는 귀가 커서 청력이 아주 예민하고, 이 예민한 청력으로 모래 속에 있는 먹이를 쉽게 찾아내요.

가끔은 먹이를 모래에 묻어 놓고 나중에 먹으려고 저장하기도 해요. 뿐만 아니라 배설물을 깔끔하게 처리하기 위해 모래에 묻어요.

한마디로 모래고양이는 모래를 아주 사랑하는 동물이에요.

하지만 이런 특성은 약간의 문제가 있어요. 모래고양이가 모래 속에 숨는 걸 너무 잘하기 때문에, 개체 수가 감소하고 종이 위험에 처해 있다고 짐작되어도 확실히 알기가 힘들다는 거예요. 그러니 연구하기는 더 까다롭지요. 털북숭이 발은 지나간 흔적을 남기지 않고, 숨어 있다가 밤에만 활동하기 때문에 연구자들이 어쩔 수 없이 밤에 손전등을 들고 다니며 찾으려고 하면 모래고양이는 손전등을 피해 쭈그려 앉아 눈을 감아요. 그러면 연구자들은 어둠 속에서 모래와 모래 비슷한 것만 보일 뿐 모래고양이를 찾을 순 없어요. 심지어 똥도 모래 속에 잘 파묻으니 추적도 불가능해요!

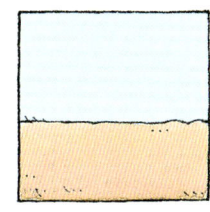
모래고양이의 똥
(안 보임)

그러니 이 멋진 고양잇과 동물은 매우 넓은 지역에 걸쳐 서식하지만, 그런 것치고는 사람들에게 잘 알려지지 않았답니다.

모래고양이가 모래를 정말로 좋아한다는 사실만 빼고요.

**크기:** 덩치 큰 고양이보다 약간 크고 살짝 통통한 편.

**먹이:** 주로 작은 설치류를 먹지만, 도마뱀과 새도 먹고 가끔은 독사도 잡아먹음.

**서식 지역:** 아프리카 북서부, 이집트 동부, 이란과 파키스탄으로 들어가는 아라비아와 중앙아시아 서부 지역의 건조한 사막.

**멸종 위험도:** 준위협종. 개체 수는 줄어드는 것처럼 보이고, 어떤 지역에서는 깜짝 놀랄 만큼 그 수가 줄었음.

**기타:** 영하 5도에서 영상 55도 사이의 온도 범위에서 살 수 있음.

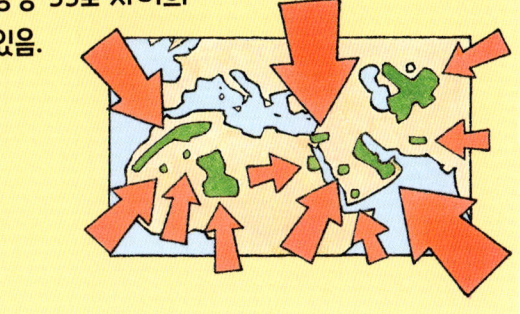

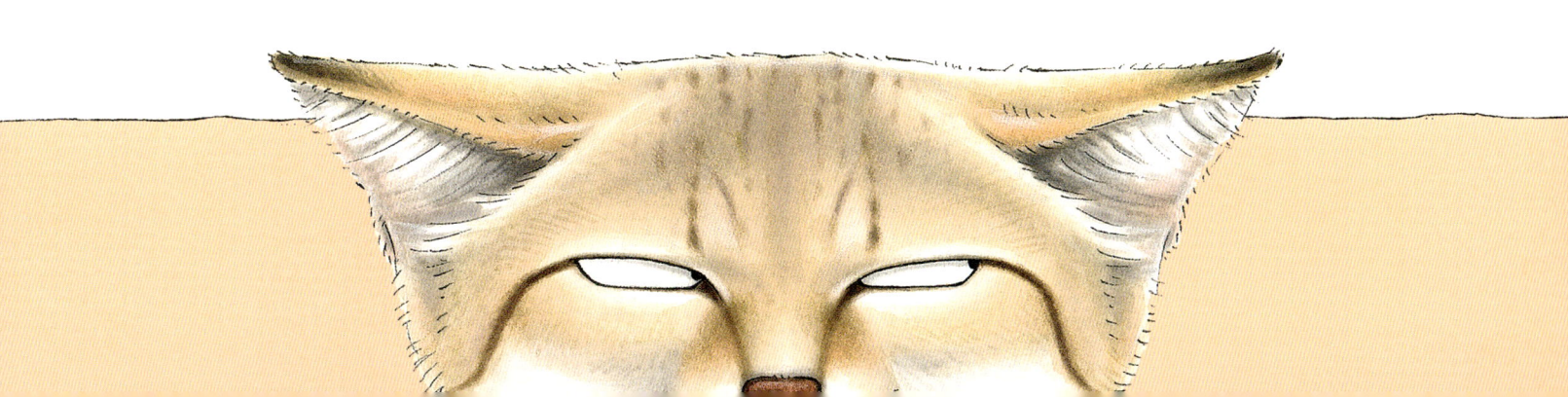

# 흰배돌고래
## 남쪽 바다의 인상적인 고래류 동물

전 세계의 강과 바다에는 갖가지 환경에 따른 온갖 종류의 고래와 돌고래가 있어요. 덩치가 큰 종이 있는가 하면 작은 종도 있고, 몸 색깔이 어두운 종이 있는가 하면 몸 색깔이 옅은 종도 있죠. 또 주둥이가 뾰족한 종도 있고 뭉툭한 종도 있어요. 관광객을 위해 물에서 튀어 오르거나 지느러미로 물장구를 치고 물속에 첨벙 뛰어드는 익숙한 재주를 부리는 돌고래가 있는가 하면, 누구도 거의 본 적 없는 희귀한 종도 있지요.

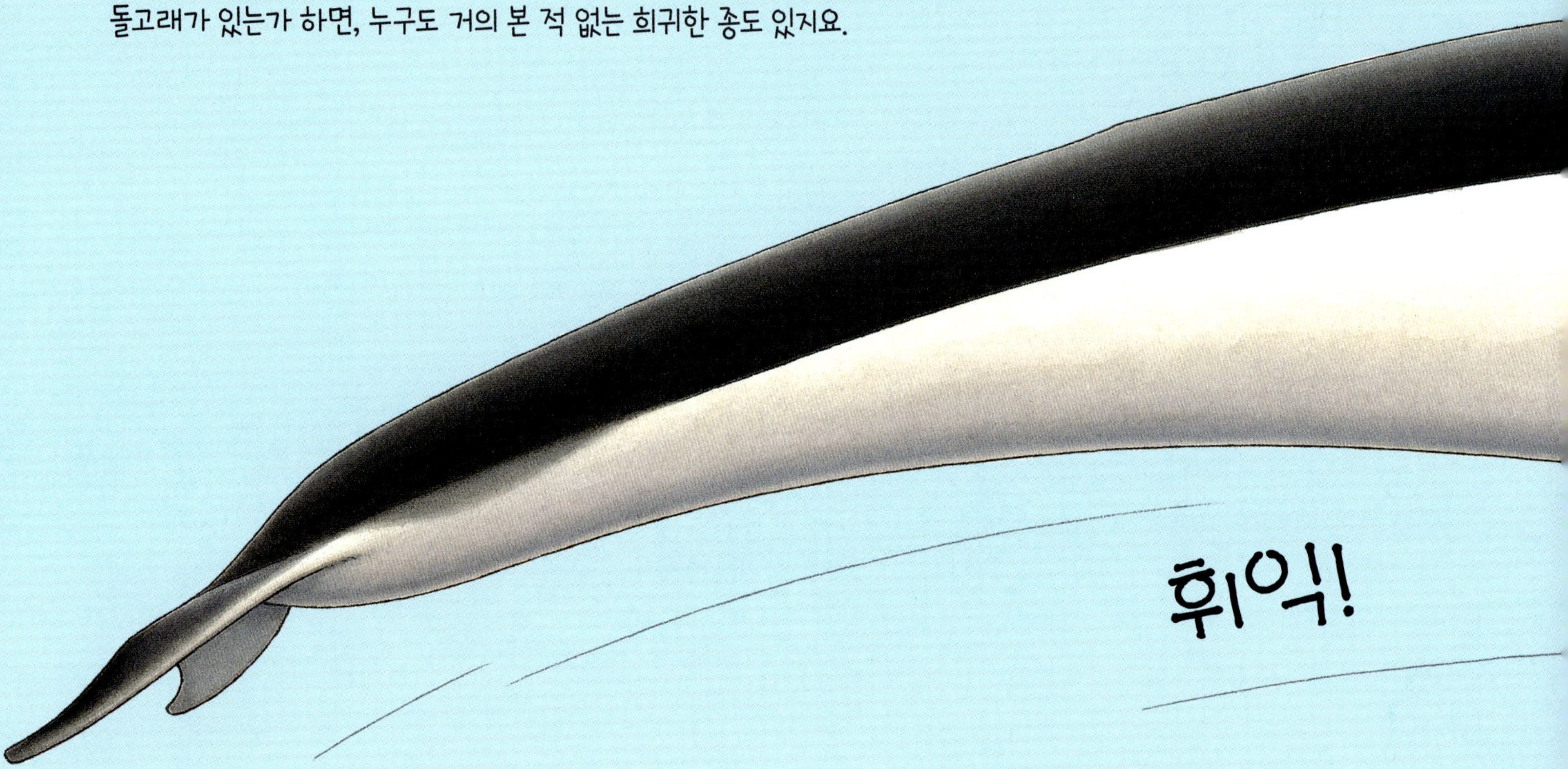

휘익!

 커다란: 범고래

 몸 색깔이 어두운: 버마이스터돌고래

 주둥이가 뾰족한: 긴부리돌고래

 흔한: 큰돌고래

 작은: 정글참돌고래

 몸 색깔이 옅은: 아마존강돌고래

 주둥이가 뭉툭한: 강거두고래

 희귀한: 마우이돌고래

하지만 보자마자 탄성이 나오는 돌고래를 꼽으라면 바로 흰배돌고래일 거예요. 이 돌고래는 인도양 남부와 대서양, 태평양의 시원하고 깊은 바다에 살며, 육지 근처로는 거의 가지 않아요. 등지느러미가 없어 겉모습이 조금 이상하게 보일 수도 있지만, 지느러미가 없기 때문에 유선형 몸이 우아하고 굉장히 아름다우며 매끄럽죠.

*날 보면 '날렵하네!'란 말이 절로 나올걸.*

**크기:** 몸길이가 평균적인 열두 살짜리 아이 두 명의 키를 합친 정도.

**먹이:** 물고기와 오징어.

**서식 지역:** 전 세계의 가장 깊숙한 바닷속.

**멸종 위험도:** 개체 수가 얼마나 되는지, 또는 개체 수가 증가하거나 감소하는지를 전혀 알 수 없기 때문에 '정보 부족종'으로 분류.

*오랜만, 흰배낫돌고래!* *안녕, 흰배돌고래!*

**기타:** 가끔 흰배낫돌고래나 거두고래와 어울림.

39

# 원숭이 세 마리
## 밝은색 무늬의 영장류들

몸 색깔이 밝은 영장류는 아무래도 눈에 띄어요. 예컨대 얼굴이 노란색이거나, 털 색깔이 빨갛거나, 엉덩이가 파란색인 것 등이요. 원숭이는 화려한 색의 동물이에요. 200종이 넘는 원숭이들은 그만큼 다양한 색을 자랑해요. 이번에는 몸 색깔이 화려하고 멋진 세 가지 종을 소개할게요.

**붉은얼굴거미원숭이**: 암컷은 새끼를 잘 키우는 훌륭한 엄마예요. 다른 원숭이 종보다 훨씬 더 길게 5년 동안이나 새끼를 돌보죠. 다행히 낳는 새끼의 수도 적어요. 새끼를 매년 한 마리씩 낳는 게 아니라, 3년이나 4년에 한 번만 낳거든요. 하지만 이렇게 하면 행복한 가족을 이룰 수는 있어도 개체 수가 적어진다는 심각한 단점이 생겨요.

**서식 지역**: 남아메리카 북동부 열대 우림의 지붕 모양으로 높이 우거진 나무 위.

**멸종 위험도**: 서식지 감소와 사냥, 출생률 저하로 '취약종'으로 분류.

**기타**: 꼬리로 나뭇가지를 감아 몸무게 전체를 지탱함. 손이나 발을 쓰지 않고도 대롱대롱 매달릴 수 있음!

**회색정강이두크**: 멸종 위기에 처해 있는 회색정강이두크는 1997년에야 비로소 하나의 독립된 종으로 알려졌어요. 야생에 500마리 정도는 남아 있을 거라 생각하지만 여전히 전통 의약품을 만드는 재료로 밀렵꾼(52쪽 용어 설명 참고)에게 사냥되거나, 불법 동물 판매상의 손에 갇혀 있는 경우가 많아요. 더구나 서식지마저도 사람들의 벌목 때문에 파괴되고 있지요. 멋지게 생겼지만 영원히 사라질 위기에 놓여 있어요.

**서식 지역**: 베트남 중부 고원의 외따로 떨어진 열대 우림의 나무 꼭대기.

**멸종 위험도**: 위급종.

**기타**: 겁에 질리면 다른 곳으로 뛰쳐나가는 대부분의 야생 동물과 달리 회색정강이두크는 가만히 몸을 숨김. 이런 특성은 개체 수를 보존하고 종을 보호하는 데 전혀 도움이 되지 않음!

**황금들창코원숭이:** 중국 중부 지역의 얼어붙은 눈 덮인 언덕길은 원숭이의 서식지로 생각할 만한 환경이 아니죠. 인간보다 더 추운 기후를 견뎌 낼 수 있는 영장류는 거의 드무니까요. 하지만 황금들창코원숭이는 여기에 산답니다. 황금들창코원숭이가 추운 곳에 살아서 얼굴이 파랗게 된 건 아니에요. 그보다는 원숭이들 몸 색깔이 원래 다양하고 화려하기 때문이랍니다.

**서식 지역:** 중국 중부 지역의 높은 산간 지대 숲속.

**멸종 위험도:** 서식지 감소, 사냥, 관광 때문에 '위기종'으로 분류.

**기타:** 마치 복화술사처럼 입을 움직이지 않고 다양한 높낮이로 울음소리를 낼 수 있음.

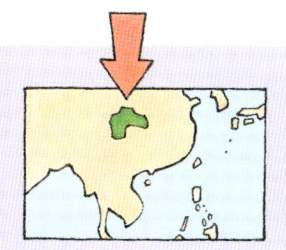

우우! 내 입술 모양을 읽고 뭐라고 하는지 맞혀 봐! 입이 움직이지 않으니 그럴 수 없겠지만. 히히! 하지만 정말로 이 자리에 오게 되어 기뻐.

# 히롤라
## 전 세계에서 가장 희귀한 영양

히롤라는 사냥꾼이었던 헨리 찰스 비카스 헌터의 이름을 따 '헌터 사슴영양'으로도 불려요. 1880년대에 헌터가 히롤라를 처음으로 발견해 잡았거든요. 유전 검사를 받지는 않았지만, 일단 사슴영양처럼 생겼고 사슴영양처럼 행동했기 때문에 사슴영양이라고 여겼지요. 그런데 사실 이 동물은 사슴영양이 아니라 '히롤라'라는 다른 종이었어요. 이 사실은 보다 상세한 검사가 가능하게 된 최근에야 알았어요. 히롤라는 다른 영양과 조금 다른 면이 있어 비슷한 종류의 여러 동물 사이를 잇는 진화의 연결 고리일 수도 있다고 추측해요.

1980년대 초에 가뭄과 우역(바이러스에 의해 소나 비슷한 동물에게 발생하는 전염병-옮긴이)이라 불리는 끔찍한 가축 질병이 유행했을 때부터 이 종은 개체 수가 줄어들기 시작했죠. 그리고 서식지 감소와 사냥, 이따금 발생하는 전쟁으로 수가 급격히 줄어든 데다, 앞서 말한 사라진 진화의 연결 고리가 아닐 수도 있다는 주장도 나왔어요. 어쨌거나 남아 있는 히롤라를 보호하기 위해 보호 구역이 만들어졌고 이제 히롤라의 개체 수는 조금씩 늘어날 거예요. 여전히 희귀한 동물이지만 아예 사라지지는 않을 테지요.

본테복

히롤라

사슴영양

**크기:** 다리는 훨씬 가늘지만 다리가 긴 셰틀랜드조랑말 정도의 크기.

**먹이:** 풀. 하지만 아무 풀이나 먹지 않고 어리고 덜 자란 짧은 풀만 먹음.(거참 까다롭네.)

**서식 지역:** 케냐 북부 건조한 초원의 좁은 구역.

**멸종 위험도:** 1975년에만 해도 1만 4,000마리의 히롤라가 살았지만, 지금은 400마리도 안 될 수 있음. '위급종'으로 분류.

**기타:** 수컷끼리 뿔로 밀고 당기면서 서로 경쟁함. 정말 제대로 싸우고 싶을 때는 무릎을 꿇고 앉아서 싸움.

# 게잡이바다표범
## 전 세계에서 가장 흔한 바다표범

**크기:** 키가 아주 크고 뚱뚱한 남자와 비슷함.

**먹이:** 크릴새우.

**서식 지역:** 남극 대륙 주변의 떠다니는 빙붕(남극 대륙에서 빙하를 타고 흘러 내려와 바다 위에 떠 있는 커다란 얼음 덩어리).

**멸종 위험도:** 최소 관심종.

**기타:** 수영을 하면서 살지만 육지에서도 꽤 잘 사는 편. 바다에서 110킬로미터 넘게 떨어진 곳에서 한 마리가 발견되기도 했음.

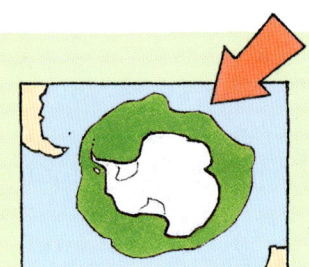

게잡이바다표범이 게를 먹고 사는 건 아니에요. 서식지인 남극에는 게가 살지 않거든요. 대신 떼 지어 모여 사는 크릴새우를 먹어요. 게잡이바다표범은 발달한 이빨을 이용해서 크릴새우를 먹어요. 물기 위한 이빨이 아니라 작은 새우를 여과해서 먹기 위한 이빨이랍니다. 게잡이바다표범이 입을 다물면 오른쪽 그림처럼 옆구리를 따라 돌기가 나 있어서 맞물릴 때 작은 틈새가 생기죠. 게잡이바다표범은 한꺼번에 크릴새우를 삼키고 이 틈새로 바닷물을 걸러 내요.

크릴새우

크릴새우를 걸러 먹는 이빨

큰곰

큰돌고래

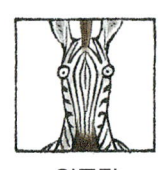

얼룩말

게잡이바다표범은 여러분의 상상보다 훨씬 더 많은 수가 살고 있어요. 지구에 큰곰은 약 20만 마리, 큰돌고래는 약 60만 마리, 얼룩말은 약 70만 마리가 서식해요. 하지만 차가운 남쪽 바다의 얼음 위에 앉거나 수영을 하며 살아가는 게잡이바다표범의 개체 수는 1,000만 마리에서 1,500만 마리나 된답니다. 그런데 왜 우리는 게잡이바다표범에 대해 잘 모를까요?

큰곰은 사납게 울부짖고, 얼룩말은 늠름해 보이고, 돌고래는 공중제비를 잘하는 반면에 게잡이바다표범은 별다른 매력이 없거든요. 칙칙하고 연한 회갈색의 게잡이바다표범은 물 밖으로 튀어 오르거나 점프도 하지 못하고 스릴 넘치게 먹잇감을 사냥하지도 못해요. 심지어 게를 먹고살지도 않죠. 게다가 게잡이바다표범이 덩치 큰 야생 포유동물 가운데 개체 수가 가장 많으니, 희귀한 종도 아니랍니다. 그러니 모두의 관심 밖이 된 거죠.

# 일리우는토끼
## 산악 지대에 사는 토끼의 친척

여러분이 식물만 먹고 살아야 하는데, 추운 겨울 동안 식물이 눈 깊숙이 묻혀 있다고 생각해 보세요. 게다가 동굴에서 겨울잠을 자면서 추위를 피할 수도 없는 상황이에요. 이럴 때 배고픔을 어떻게 달래야 할까요? 일리우는토끼는 그 방법을 알아요.

일리우는토끼는 북아메리카나 아시아의 바위가 흩어져 있는 산악 지대에 사는 토끼과 동물이에요. 하지만 토끼 특유의 긴 귀와 긴 다리 대신 둥근 귀와 짧은 다리를 가지고 있어서 바위투성이의 고지대에 살기 적합하답니다. 문제는 그런 험한 산에는 눈이 많이 온다는 거예요. 그것도 아주 많이요.

먹이를 모아 건초 더미를 쌓는 일리우는토끼

그렇다면 밖에 먹이가 하나도 없는데 어떻게 매서운 추위에서 살아남을 수 있을까요? 간단해요. 이미 마련해 둔 먹이를 먹으면 되죠. 일리우는토끼가 그렇게 하거든요. 짧은 여름 내내 이 동물은 바위와 바위 사이를 뛰어다니며 풀과 꽃, 잡초와 잎을 모아서 커다란 건초 더미를 쌓아요. 그러다 겨울이 오면 자기에게 필요한 모든 것을 눈 밑에 숨겨요. 꽤 영리하죠?

전 세계에 우는토끼는 스무 종이 넘어요. 일리우는토끼는 그중에서도 중국에서 온 종이죠. 지난 10년 동안 일리우는토끼의 개체 수와 서식지는 절반으로 줄었어요. 종 자체가 1983년에야 처음으로 발견되었는데도 말이죠!

**크기:** 기니피그 정도.

**먹이:** 낮게 자라는 초목과 지의류 (53쪽 용어 설명 참고).

**서식 지역:** 중국 서부의 멀리 떨어진 외딴 산맥 몇 곳.

**멸종 위험도:** 위기종.

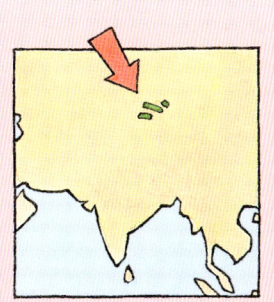

**기타:** 우는토끼는 영어로 'PIKA'인데 오토바이를 타는 사람인 '바이커'와 발음이 비슷함.

**추가 정보:** 다른 토끼와는 달리 우는토끼는 짧은 '이익 이익 이익' 소리를 냄. '이봐, 내 건초 더미에서 멀리 떨어져!'라는 의미.

# 줄무늬다이커
## 부끄럼쟁이지만 대담하기도 한 작은 영양

앞에서 우는토끼를 뜻하는 'PIKA'가 바이커와 발음이 비슷하다고 했는데, '다이커'라는 이름과도 발음이 비슷해요. '다이커'는 네덜란드어로 '다이버'를 뜻하는 낱말에서 유래했어요. 왜냐하면 다이커가 다이버처럼 보이는 행동을 하거든요. 위험이 닥쳤을 때 다이커는 덤불 속에 다이빙하듯 뛰어들어 몸을 숨겨요. 이렇게 해서 순식간에 모습을 감출 수 있죠! 다이커의 여러 종은 아래 그림처럼 꽤 독특하게 생겼어요.

노란등다이커　　아더스다이커　　흰어깨다이커　　붉은겨드랑이다이커

하지만 무심코 탄성을 지를 만큼 독특한 다이커를 보고 싶다면 다른 종은 볼 것도 없이 줄무늬다이커만 보면 돼요. 구릿빛 금색 바탕에 선명한 까만 줄무늬를 두른 줄무늬다이커는 이 세상에서 가장 눈에 띄는 겉모습이라고 해도 될 법해요. 몸에 줄무늬를 가진 호랑이나 얼룩말처럼 줄무늬다이커도 눈에 띌 수밖에 없죠. 그런데도 줄무늬를 가진 동물이라면 호랑이나 얼룩말밖에 생각이 나지 않죠. 도대체 줄무늬다이커는 다 어디 있는 걸까요?

줄무늬다이커는 서아프리카의 열대 우림에서 살아요. 낮에는 주로 과일과 나뭇잎 같은 먹이를 찾으며 대부분의 시간을 보내요. 하지만 과일과 나뭇잎은 몸집이 작은 다이커가 따 먹기 어려운 높은 곳에 있어서, 다이커는 원숭이나 새들이 떨어뜨린 것을 먹어요.

줄무늬다이커는 수줍음을 잘 타서 사람들이 소란을 피우면 그곳을 떠나요. 바로 이게 문제예요. 농사짓기, 사냥, 벌목 등 사람들은 이 동물의 서식지 여기저기에서도 시끄럽게 구니까요. 그러니 이 풀숲에 뛰어들기를 잘하는 줄무늬다이커가 다 어디 있겠어요? 사람들의 눈에 띄지 않는 곳에 꼭꼭 숨어 있는 거죠.

**크기:** 몸집이 중간 크기인 개와 비슷. 다리는 깡마름.

**먹이:** 과일, 잎, 풀.

**서식 지역:** 서아프리카의 라이베리아, 시에라리온, 코트디부아르의 사람 손이 닿지 않은 저지대 다우림.

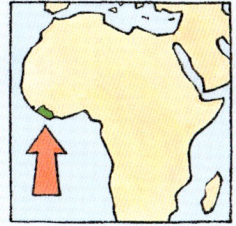

**멸종 위험도:** 취약종. 숲속 보금자리를 점점 잃기 때문.

**기타:** 껍질이 딱딱한 과일을 박치기로 부술 수 있음. 머리뼈가 꽤 두꺼움.

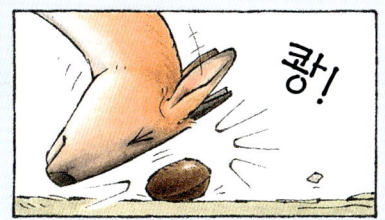

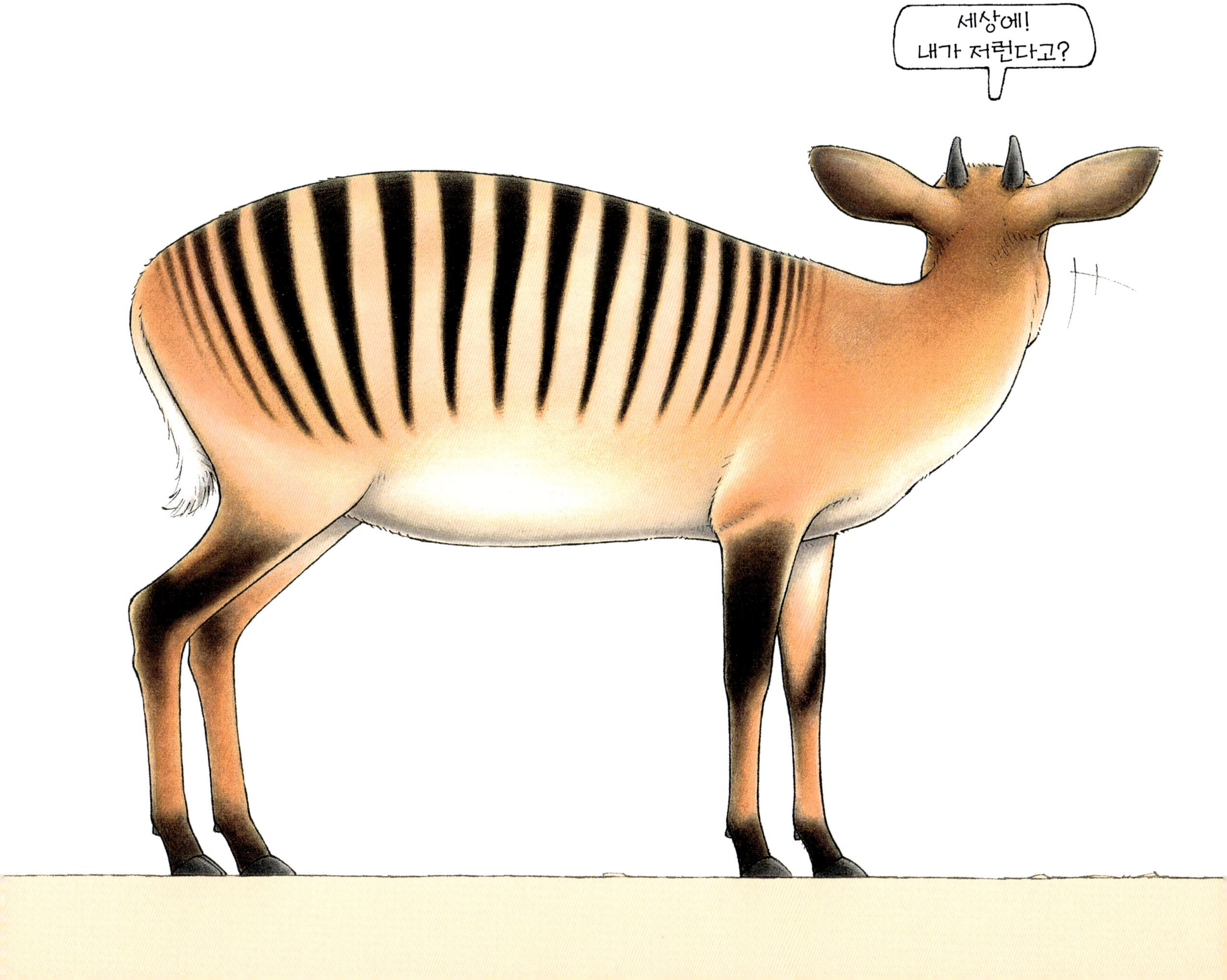

세상에! 내가 저런다고?

# 검은발족제비
## 멸종 위기에 놓인 아름다운 대초원의 포식자

오늘날 검은발족제비가 아직 우리 곁에 남아 있다는 건 정말 행운이에요. 얼마 전까지만 해도 다들 이 동물이 싹 사라졌으며 더 이상 되살릴 수 없이 멸종됐다고 여겼거든요. 그러던 1981년 어느 날, 미국 와이오밍주 미티츠 마을 외곽에서 농장에서 기르는 셰프라는 이름의 개가 이상한 동물을 입에 물고 집에 돌아왔죠. 바로 검은발족제비였어요. 비록 사체였지만요. 그래도 그건 미티츠 마을 주변 어딘가에 검은발족제비가 더 살고 있을지도 모른다는 뜻이었어요.

셰프

얼마 지나지 않아 근처에서 120마리의 검은발족제비가 발견됐어요. 하필 그때 병이 돌았어요. 가까스로 다시 발견한 검은발족제비가 또 한 번 사라질 것처럼 보였죠. 뭔가 조치를 취해야 했어요.

죽은 검은발족제비

사람들은 검은발족제비 열여덟 마리를 새로운 집으로 옮겨 안전하게 병을 치료하고 보살피면서 개체 수를 늘리려고 했어요. 그러던 때에 야생에 있던 미티츠 마을 개체들은 모두 죽어 버리고 말았죠. 이제 검은발족제비의 운명은 따로 옮겨 병을 치료한 열여덟 마리의 생존에 달려 있었어요. 다행히 생존 집단은 조금씩 수가 늘었고, 시간이 흐른 뒤 꽤 많은 검은발족제비 가족을 원래 살던 곳으로 놓아 줄 수 있었어요.

오늘날에는 열여덟 마리였던 검은발족제비의 개체 수가 1,000마리는 넘을 것이라고 추정해요. 당시의 구조 임무 덕분에 검은발족제비는 꽤 유명해졌죠. 그러니 어떻게 보면 검은발족제비는 이 책에 나올 자격이 없는지도 몰라요. 웬만큼 알려진 유명한 동물이 되었으니까요. 그리고 이 사례는 어떤 종이 사람들에게 잘 알려져야 앞으로도 잘 보존될 수 있다는 점을 보여 주지요. 사실 이게 이 책에서 얘기하고자 하는 내용이에요. 검은발족제비 1,000마리가 그렇게 많은 수는 아니에요. 하지만 열여덟 마리보다는 훨씬 낫죠!

**크기:** 덩치 크고 마른 고양이 정도의 몸집.

**먹이:** 프레리독(굴을 파는 통통한 다람쥐의 일종).

**서식 지역:** 북아메리카의 '대초원'이라 불리는 넓고 탁 트인 초원.

**멸종 위험도:** 위기종.

**기타:** 어린 족제비들은 흥분하면 등을 둥글게 말았다가 팅기는 '족제비 춤' 동작을 선보임.

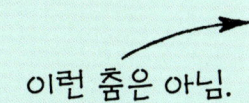

이런 춤은 아님.

# 용어 설명

**건조 기후:** 물기가 없고 사막과 비슷한 기후. 강우량이 적거나 전혀 없는 지역의 기후.

**겨울잠:** 동물이 겨우내 잠을 자는 것.

**고래류:** 고래, 돌고래, 쇠돌고래류가 포함되는 무리.

**고양잇과:** 고양이와 고양이의 친척 동물들.

**꽃가루:** 씨앗과 과일을 만들고 이어 새로운 아기 식물을 만드는데 필요한 꽃에서 만들어진 미세한 가루.

**냄새:** 때로는 좋기도 하고 때로는 고약하기도 한 후각 자극.

**독성:** 독이 있는.

**등지느러미:** 물고기나 포유류의 등에 있는 지느러미.

**멸종 위험도:** 동물이 멸종될 가능성에 따라 등급을 매긴 것.

**멸종:** 어떤 종류의 동물이 전부 죽어서 더 이상 살아남은 개체가 없는 경우.

**모계 사회:** 암컷이나 여성 가모장이 무리를 이끄는 사회.

**밀렵꾼:** 동물을 불법으로 사냥하는 사람.

**복화술사:** 입술을 움직이지 않고 말할 수 있어서 목소리가 다른 누군가, 또는 다른 어딘가에서 나오는 것처럼 보이게 하는 사람.

**빙붕:** 남극 대륙에서 빙하를 타고 흘러 내려와 바다 위에 떠 있는 커다란 얼음 덩어리.

**서식지:** 동물이 살아가는 장소와 환경.

**수분:** 꽃가루를 하나의 꽃에서 다른 꽃으로 퍼뜨리는 것.

**야행성:** 동물이 주로 밤에 활동하는 특성. (반면에 낮에 활동하는 주행성 동물도 있고, 새벽이나 해질녘에 활동하는 동물도 있다.)

**열대 우림:** 전 세계의 비가 내리고 무더운 몇몇 지역에서 자라는 무성한 숲.

**영장류:** 원숭이와 유인원, 인간.

**용어 설명:** 이 책에 실린 것처럼, 특정 주제와 관련된 용어들을 설명한 목록.

**우역:** 바이러스에 의해 소나 비슷한 동물에게 발생하는 전염병.

**유대류:** 자라나는 새끼를 주머니에 넣고 다니는 포유류. 캥거루와 코알라가 유대류에 속한다.

**유전:** 유전자와 관련된 모든 것으로, 한 세대에서 다음 세대로 동물의 특성을 전달하는 세포 내의 아주 작은 정보 묶음에 따라 일어나는 현상. 이 유전자가 여러분을 여러분으로, 긴팔원숭이를 긴팔원숭이로, 해파리를 해파리로 만든다!

**육식 동물:** 다른 동물을 잡아먹는 동물.

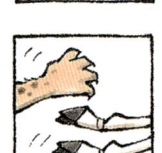

**잘 모르는 동물학:** 내가 방금 만든 단어. 이 책의 주제처럼, 사람들에게 익숙하지 않은 동물에 대해 연구하는 것.

**저지대:** 높은 산이 아닌 낮은 지대.

**종:** 생물을 분류하는 기초적인 단위.

**지의류:** 건조하거나 껍질이 있는, 이끼가 낀 것처럼 보이는 균류.

**취약:** 상처나 손상을 입기 쉽게 노출된 것.

**침:** 여러분의 입에서 나오는 액체 성분으로 음식물을 먹는 것을 돕는다. '타액'이라고도 한다.

**포식자:** 다른 동물들을 사냥하고 잡아먹는 동물.

**포유류:** 온혈 동물이고 보통 털이 있으며 새끼를 젖 먹여 키우는 동물. 다만 돌고래와 고래는 포유류이지만 털이 없다. 만약 고래에 털이 있다면 이상할 것 같다!

**프레리독:** 굴을 파는 통통한 다람쥐의 일종.

**흰개미:** 커다란 무리를 지어 나무를 먹고 사는 개미를 닮은 곤충.

**멸종 위험도:** 이 책에서 '멸종 위험도' 항목은 세계 자연 보전 연맹(IUCN)에서 정리한 멸종 위기종 등급을 기반으로 해요. IUCN의 '적색 목록'은 말 그대로 이 지구라는 행성의 동식물 보존 상황에 대한 가장 철저한 정보를 바탕으로 하는 기록이죠. 그동안 거의 6만 4,000여 종이 이 목록에 올랐고, 각각 그 종이 얼마나 멸종에 가까웠는지를 나타내는 등급을 받았어요. 각각의 등급이 뜻하는 의미는 다음과 같아요.

- **정보 부족종:** 판단을 내리기에 충분한 정보가 없음.
- **최소 관심종:** 지금 당장은 걱정할 필요가 없음.
- **준위협종:** 미래의 언젠가 멸종될 가능성이 있음.
- **취약종:** 곧 멸종될 것 같은 종.
- **위기종:** 멸종 위기에 놓인 종.
- **위급종:** 멸종될 위험이 심각하게 매우 높은 종.
- **야생 절멸종:** 사람에게 사로잡힌 상태에서만 살아 있는 종.
- **절멸종:** 완전히 사라진 종.

## 마지막으로 하고 싶은 말

세상에는 5,500종이 넘는 포유류가 있지만, 우리는 그중 아주 작은 일부분만을 볼 수 있죠. 이런 책이 238권은 더 있어야 다른 종에 대해서도 소개할 수 있을 거예요. 지구에는 놀라운 동물이 정말 많아요. 하지만 이런 동물에 대해 소개하고 알아볼 지면은 충분하지 않지요. 하지만 어쩌면, 조금씩 끼워 넣다 보면 몇 종을 더 소개할 공간은 있지 않을까요?

이렇게요. ➡️ 딩기소

딕딕

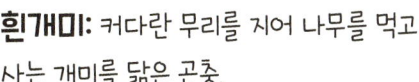

델리키트사슴쥐